AF509781

MÉMOIRE
À CONSULTER
ET JUSTIFICATIF,

POUR le sieur DE ROUGEMONT, Chevalier
de l'Ordre Royal & Militaire de Saint-Louis,
Lieutenant de Roi, Commandant au Château
Royal de Vincennes.

SERVANT DE RÉPONSE

*AU Mémoire à consulter qui a été distribué contre
lui sous le nom de la Dame HATTE.*

QUELQUE violens que fussent les soupçons, ou plutôt
quelque évidentes que fussent les preuves que le sieur de
Rougemont avoit acquises de l'obsession qui captive depuis

A

(3)

un tems l'esprit & le cœur de la Dame Hatte, il n'auroit jamais pu prévoir le coup affreux qui vient de lui être porté.

Une Consultation demandée sur une prétention qui ne peut avoir rien de sérieux, a servi de prétexte à répandre dans le public un Mémoire calomnieux, dont l'unique & principal objet a été de diffamer un Militaire qui n'a jamais eu d'autre ambition que celle de mériter l'estime de ses concitoyens, & qui peut-être avoit été assez heureux pour trouver dans cette estime publique l'unique consolation qui pouvoit l'aider à soutenir ses malheurs trop connus. Un bien restoit encore au sieur de Rougemont, l'honneur ; une réputation intacte étoit sa derniere ressource : elle lui avoit acquis & pouvoit seule lui conserver la protection d'un Prince dont les bontés n'honorent que la vertu. La protection du premier Prince du Sang Royal l'avoit rendu digne des graces & de la confiance du Souverain ; elle lui avoit enfin procuré un établissement qui sembloit lui permettre d'oublier dans les douceurs d'un repos domestique les revers qui avoient agité & rempli d'amertume la premiere partie de sa vie. Une main barbare entreprend de lui arracher avec l'honneur la confiance de son Maître, la bienveillance de son Protecteur & l'amitié de l'épouse qui se préparoit à essuyer ses larmes.

Et c'est la Dame Hatte qui paroît aujourd'hui exercer contre le sieur de Rougemont ce ministere affreux de la haine ! La même main qui l'a élevé & secouru dès le premier instant de sa naissance, est celle qui vient déchirer son cœur par les traits les plus cruels !

Non, non : le sieur de Rougemont ne peut imputer ces excès à une personne qui lui a donné tant de marques de tendresse, & à qui il a voué un respect & un attachement éternels.

Il s'interroge, il s'examine avec févérité ; bien affuré de n'avoir pu opérer par fa conduite une révolution fi étrange dans le cœur de la Dame Hatte, il ne peut regarder comme fon ouvrage le libelle qu'elle femble avoir autorifé. Il connoît les manœuvres domeftiques qui ont pu fufpendre pour un inftant des fentimens trop vrais & trop juftes, pour céder long-tems à l'empire de la féduction. Le public ne l'en croira pas elle-même, lorfqu'elle lui dénoncera comme un caractere faux, comme un monftre d'ingratitude, cet infortuné qu'elle a élevé & chéri, dont elle a eu tant de fois occafion d'étudier l'ame & les fentimens, & auquel elle fait ce reproche pour la premiere fois, au bout de quarante années d'épreuve. La voix publique s'élevera contre les infinuations de l'artifice & de l'intrigue ; elle lui annoncera fans ceffe les égards, le refpect, la tendreffe, la reconnoiffance que le fieur de Rougemont lui a toujours témoignés en public & en particulier, & le cri de la vérité étouffera un jour les efforts d'une calomnie fecrette & intéreffée.

Le fieur de Rougemont avoit cru quelque tems, pouvoir fe repofer fur le témoignage de fa propre confcience, fur le fuffrage public, & fur le propre cœur de la Dame Hatte. Il l'avouera ; il avoit cru pouvoir regarder le libelle publié contre lui, comme un ouvrage qui fe décréditoit par lui-même. La furprife odieufe qu'on lui impute fe détruit par fa propre abfurdité. Un principe de malignité a pu feul ajouter à un Mémoire à confulter des imputations & des détails dont on convient qu'il ne peut jamais réfulter aucun prétexte d'action. Treize pages de ce libelle font employées à préfenter comme l'ouvrage du dol & de la furprife des obligations que la Dame Hatte déclare cependant ne vouloir point attaquer. Une differtation dont l'unique but eft de prouver que les obligations ont été extorquées à la Dame Hatte, aboutit à lui conseiller de se pour-voir contre le seul acte que l'on avoue pour être l'ouvrage de sa volonté libre. Cette action que l'on feint de vouloir exercer, est bien moins un bénéfice réel que l'on veut procurer à la Dame Hatte, que des voies préparées à des étrangers pour susciter un jour de nouveaux combats au sieur de Rougemont. Ce n'est donc point un principe d'intérêt, mais une vue de diffamation qui a dicté ce prétendu Mémoire à consulter, où l'on ne demande aucun avis sur l'objet capital dont on s'occupe, & où l'on ne propose qu'accidentellement une action absurde & déraisonnable.

Le sieur de Rougemont avoit cru pouvoir mépriser un libelle dont la malignité se découvroit d'une maniere trop évidente. Il s'étoit d'abord condamné à gémir en silence sur ses malheurs, en attendant que le tems eût rendu à la vérité & à l'innocence leurs droits inaltérables : mais la réflexion lui a fait sentir que l'homme public est toujours comptable envers ses concitoyens de la pureté de sa conduite ; qu'il devoit au Prince qui l'honore de sa bienveillance, au Maître qui lui a déposé sa confiance, une justification publique sur une accusation du même genre. Des devoirs aussi sacrés pouvoient seuls le forcer à combattre un écrit dont il ne peut s'empêcher de respecter la signature ; & il va réfuter la calomnie qui l'attaque sous un nom qui lui sera toujours cher, en suivant la même route qu'elle lui a ouverte.

Il justifiera d'abord sa conduite en prouvant la fausseté & l'injustice des faits qui tiennent aux procédés : il exposera ensuite à ses Conseils les faits particuliers à la contestation judiciaire qui lui a été suscitée sous le nom de la Dame Hatte, & il les mettra en état d'en peser & d'en juger le mérite.

PREMIERE PARTIE.

Peu de perfonnes ignorent les faits qui ont précédé & occafionné l'obligation que la Dame Hatte a contractée le 4 Octobre 1765, & qui forme le premier & principal prétexte de la diffamation publiée contre le fieur de Rougemont.

Content de l'état dont il jouiffoit, content de l'eftime & des relations que l'exactitude à fes fervices militaires, & fon attachement pour des amis fidelles lui avoient acquis ; content de trouver dans les fentimens refpectifs qui l'uniffoient à la Dame Hatte, les douceurs de la fenfibilité, les confolations de la tendreffe, & la fatisfaction de l'ame, le fieur de Rougemont n'auroit jamais afpiré à de plus grands avantages, fi la Dame Hatte n'avoit cru fon propre honneur & fa religion intéreffés à une démarche qui n'a été de la part du fieur de Rougemont qu'un facrifice d'obéiffance. Tout le monde a vu la Dame Hatte traîner elle-même le fieur de Rougemont au pied du Sanctuaire de la Juftice ; & la réclamation publique de la Dame Hatte annonçoit affez qu'elle feule avoit ordonné, préparé & conduit une démarche fi contraire au goût du fieur de Rougemont.

Quand il auroit été difpofé à facrifier l'état paifible & honorable dont il jouiffoit, aux follicitudes & aux dangers de la réclamation, il lui auroit été impoffible de foutenir le poids d'une pareille entreprife. Il eft bien éloigné de méconnoître les fervices & les bontés de la Dame Hatte : il fe fera toujours un devoir de publier que c'eft à elle qu'il doit en grande partie ce qu'il étoit avant cette époque fatale.

Mais il ne manquera point à la reconnoiffance , & il dira une vérité exacte , lorfqu'il affurera qu'il lui étoit impoffible d'avancer & de foutenir les dépenfes d'une pareille action.

La Dame Hatte ne connoiffoit aucun obftacle. Déterminée à tout facrifier pour un fuccès qu'elle regardoit comme inté-reffant fon propre honneur, elle fentit & reconnut qu'il étoit un cas où ces dépenfes ne pourroient concerner qu'elle feule , & elle promit au fieur de Rougemont d'en fupporter alors tout le poids. On conçoit facilement que la confiance de celui-ci ne lui auroit pas permis d'exiger de la Dame Hatte un engagement par écrit. Mais fi des gens peu délicats ofen$_t$ lui faire aujourd'hui dénier une pareille convention , la feule évidence du fait dément leur allégation.

Le fieur de Rougemont avoit été affez heureux pour fe faire des amis ; il a trouvé dans leurs bourfes les fecours néceffaires pour commencer les avances que l'événement a rendues fi infructueufes : c'étoit le cas où la Dame Hatte avoit prévu que les dépenfes ne pourroient concerner qu'elle. L'engagement qu'elle en avoit contracté étoit encore trop récent; les motifs d'équité , qui lui en faifoient un devoir, agiffoient encore trop puiffamment fur fon cœur, pour qu'elle héfitât fur ce qu'elle avoit à faire.

Il s'agiffoit de rembourfer les emprunts que le fieur de Rougemont avoit faits pour elle , d'achever le paiement de quantité d'articles qui étoient encore dus. La Dame Hatte n'avoit pas les fonds fuffifans : elle fe détermina à un nouvel emprunt, qui pût tout folder & ne lui donner qu'une feule perfonne à fatisfaire.

Par acte paffé devant Notaires le 4 Octobre 1765 , la Dame Hatte « a reconnu devoir bien & légitimement au fieur du

» Formentel la fomme de 21000 livres, pour prêt de pareille
» fomme , qui lui a été préfentement fait , & qu'elle s'eft
» obligée de rendre le 18 Décembre 1766 ».

Le fieur de Selle , Tréforier Général de la Marine , eft
intervenu & s'eft rendu caution de ce même emprunt, avec
l'affeétation de tous fes biens.

Si l'on en croit les Confeils de la Dame Hatte , la fignature qu'elle a donnée au pied de cet aéte , eft l'effet d'une
furprife odieufe : elle a figné *aveuglément* un aéte qui n'étoit
point celui qu'elle comptoit approuver; elle a figné , *fans le fçavoir* , un engagement tout différent de celui qu'elle croyoit
contraéter & qui avoit été projetté.

On fera voir dans la fuite l'abfurdité de l'opération que
l'on voudroit fubftituer à celle que la Dame Hatte a véritablement adoptée ; on fera voir que cette prétendue opération auroit été une chofe impoffible & inutile. Il fuffit ,
quant à préfent , d'obferver que l'on ne parviendra jamais à
perfuader au public impartial , que la Dame Hatte , à fon
âge , & avec fon expérience , ait figné , fans fçavoir ce qu'il
contenoit & fans le lire , un aéte paffé devant Notaires , qui
ne contient qu'une page & demie d'écriture , & qu'il eft prefqu'impoffible de figner , fans que les yeux en découvrent ,
même involontairement , le contenu.

Mais ce n'étoit point affez pour le fieur de Rougemont
de trouver dans cette première fignature de la Dame Hatte ,
une preuve de la volonté libre avec laquelle elle s'eft engagée ; le hafard lui a encore adminiftré une feconde preuve
de cette volonté certaine & réfléchie.

La Dame Hatte n'avoit pas pu fatisfaire au paiement
qu'elle avoit promis pour le 18 Décembre 1766. La fomme

de 21000 livres n'avoit pas même suffi au paiement de toutes les dépenses occasionnées par le procès d'état ; l'instruction au Conseil venoit d'en occasionner de nouvelles. Le 21 Mars 1767 la Dame Hatte a passé , chez le même Notaire, au pied de l'acte précédent, au profit du sieur du Formentel , & toujours sous le cautionnement du sieur de Selle, un nouvel acte par lequel elle a reconnu « devoir encore » au sieur du Formentel la somme de 4500 livres , qui lui » a été présentement prêtée, & qui forme , avec celle men- » tionnée en l'obligation précédente, celle totale de 25500 liv. » qu'elle s'oblige de payer au 18 Mars 1768 ».

C'est cette double obligation, contractée & signée à deux reprises différentes dans l'espace de dix-sept mois , que l'on ne rougit point de présenter au public , comme une signature surprise & donnée aveuglément. C'est cet engagement deux fois avoué par la Dame Hatte de la maniere la plus solemnelle , que l'on voudroit aujourd'hui transformer en une obligation purement personnelle au sieur de Rougemont. On ose le dénoncer au public , comme ayant eu la double infidélité de faire signer à la Dame Hatte une obligation différente de celle qu'elle avoit intention de souscrire, & de refuser d'acquitter sa propre dette.

Les faits simples que l'on vient d'exposer , fournissent déja deux réflexions qui suffiroient pour anéantir cette accusation.

En premier lieu, la surprise que l'on impute au sieur de Rougemont , se détruit par son défaut de vraisemblance. Peut-on soupçonner un Notaire , qui jouit de la réputation la plus entiere, d'avoir, par une collusion criminelle , présenté à la Dame Hatte les deux actes de 1765 & de

1767,

1767, & de les lui avoir fait figner fans lui en avoir fait lecture, fans lui en avoir expliqué le contenu ? Eft-il poffible de préfumer que la Dame Hatte, que perfonne n'accufera de foibleffe d'efprit, ni d'excès de confiance, ait figné elle-même à deux reprifes différentes, deux actes paffés devant Notaires, fans avoir eu la précaution de lire & de parcourir ces mêmes actes, dont un feul coup-d'œil rapide fuffifoit pour lui découvrir le contenu ? S'il eft trifte pour un galant homme d'avoir à défendre fon honneur, il eft au moins heureux de n'avoir à repouffer que des accufations auffi ridicules.

En fecond lieu, la caufe & le principe de l'obligation font connus. La Dame Hatte avoue elle-même qu'elle a eu pour objet *les frais du grand Procès fur la queftion d'état*. Qui pourroit dès-lors douter qu'elle n'ait eu véritablement l'intention de s'obliger perfonnellement & feule à l'emprunt que ces frais infructueux avoient néceffité ? Si quelque chofe a droit d'étonner, c'eft l'indifcrétion des Confeils qui lui font défavouer une dette qui ne peut concerner qu'elle par fa nature, & qui ofent fuppofer qu'il auroit été befoin d'une furprife pour lui faire foufcrire un engagement qu'elle n'auroit pu refufer de contracter fans injuftice. Pour la convaincre qu'elle n'a fait en cela que remplir une obligation de droit & d'équité, il n'eft pas befoin de la rappeller aux engagemens qu'elle avoit contractés avec le fieur de Rougemont, & que des Confeils peu délicats auroient peut-être la hardieffe de nier ; il fuffit de lui oppofer la caufe de la dette, il fuffit de lui rappeller ce que tout le public a vu & a fçu, la part qu'elle a prife à ce Procès, dont elle a toujours été regardée comme le vrai mobile, & qui intéreffoit proprement fon honneur perfonnel. Il fuffiroit peut-être de lui-dire qu'elle y avoit au moins un intérêt très-considérable, & qu'elle ne pouvoit ignorer que le fieur de Rougemont n'en pouvoit pas foutenir le poids. La calomnie & l'intérêt peuvent imaginer des faits, mais le public impartial les apprécie, & ce public jufte a déja épargné au fieur de Rougemont la peine de répondre à la Dame Hatte, qu'il n'a pas été néceffaire de la *furprendre* ni de l'*aveugler* pour la déterminer à payer une dette qui lui étoit perfonnelle.

Mais quelque fimples & quelque décifives que foient ces premieres réflexions, le fieur de Rougemont ne peut & ne doit négliger aucun des avantages que la nature même de l'accufation fournit pour fa juftification.

La Dame Hatte convient qu'elle a eu intention de s'obliger & de foufcrire un engagement quelconque, puifqu'elle fe réduit à dire qu'on lui a fait foufcrire un acte au lieu d'un autre. Il faut donc qu'on nous indique quelle étoit cette autre obligation qu'elle avoit confenti de foufcrire. Si ce qu'on allegue à cet égard eft abfolument dénué de vraifemblance, fi la convention que l'on fuppofe eft une chofe abfolument impraticable, il en faudra conclure qu'il n'a jamais été ni pu être queftion de ce prétendu arrangement, & que l'engagement qu'elle a foufcrit eft le feul dont il ait été jamais queftion.

« Le fieur de Rougemont devoit, dit-on, s'obliger perfon-
» nellement à une dette qu'il regardoit comme fon affaire
» propre ; mais il ne pouvoit emprunter que fous l'hypo-
» theque de la maifon que la Dame Hatte lui avoit vendue.
» En 1760, il s'étoit répandu quelque bruit fur les projets de
» la Dame de Vauvrai, d'attaquer un jour cette vente. Le
» fieur de Rougemont eft parti de là pour engager la Dame
» Hatte de s'obliger à l'acte d'emprunt ; & voici le raifonne-

» ment qu'il employa pour la perfuader. La maifon, difoit-il
»à la Dame Hatte, fera affeétée & hypothéquée; fi la vente
» fubfifte, je ferai chargé feul de rendre l'argent qu'on veut
» me prêter; au contraire fi cette vente eft un jour annullée,
» & que la maifon foit déclarée n'avoir ceffé de vous appar-
» tenir, votre intention eft qu'elle foit chargée de la fomme
» empruntée; il faut donc que vous inteveniez dans l'aéte
» d'emprunt, *pour n'être pas chargé moi-même de la fomme, fi
» je perds la maifon* ».

Ainfi l'allégation de la Dame Hatte fe réduit à dire que
l'intention des Parties étoit que le fieur de Rougemont ne
fût obligé qu'autant que la propriété de la maifon lui refteroit,
& que la créance demeurât à la charge de la maifon & de
ceux qui en feroient propriétaires.

Mais indépendamment de ce que la Dame Hatte n'a pas
le moindre commencement de preuve du fait qu'elle allegue,
ce fait fe détruit par fa propre abfurdité. Il eft impoffible de
préfumer que les Parties aient férieufement formé le projet
d'un aéte qui auroit été impraticable, & qui n'auroit jamais
pu remplir l'objet fuppofé.

Il n'y auroit eu que deux manieres d'hypothéquer la maifon dont il s'agit à l'obligation contraétée vis-à-vis du fieur
du Formentel. La premiere auroit été de faire obliger le fieur
de Rougemont perfonnellement, & de faire intervenir la
Dame Hatte comme caution; c'eft celle dont la Dame Hatte
fuppofe que le fieur de Rougemont étoit convenu. La feconde
au contraire auroit été de ne faire intervenir le fieur de
Rougemont que comme caution de la Dame Hatte; mais ni
l'une ni l'autre de ces deux tournures n'auroit jamais pu
remplir l'objet & la condition fous laquelle on fuppofe que la
Dame Hatte a voulu s'obliger.

Au premier cas, le fieur de Rougemont auroit été fans doute principal obligé, & tenu de payer fous l'hypotheque de la maifon ; mais il n'auroit jamais pu acquérir fa décharge en cas d'éviction. D'abord, la dette devoit être acquittée au 18 Décembre 1766 ; le paiement devoit donc, felon toutes les apparences, & certainement felon le vœu fincere du fieur de Rougemont, être fait avant la feule époque où pourroit arriver l'éviction, puifqu'elle ne pouvoit venir que de la part des héritiers de la Dame Hatte, & après l'ouverture de fa fucceffion. Un événement imprévu auroit-il avancé cet inftant fatal, & expofé le fieur de Rougemont à fouffrir l'é-viction, avant d'avoir acquitté la dette ? le créancier auroit eu fans doute une action hypothécaire contre les héritieres de la Dame Hatte. Mais celles-ci, qui n'auroient été tenues que comme cautions, auroient eu leur recours contre le fieur de Rougemont, principal obligé, qui n'auroit pas moins été tenu perfonnellement & jufqu'à concurrence de tout ce qu'il peut poffeder, d'acquitter la dette, même après avoir perdu la poffeffion de la maifon. Il auroit donc été impoffible de remplir, par cette premiere opération, le prétendu vœu de la Dame Hatte.

Auroit-on voulu parer à cet inconvénient, en obligeant la Dame Hatte perfonnellement, & en ne foumettant le fieur de Rougemont qu'à un fimple cautionnement ? Alors le fieur de Rougemont, n'étant obligé qu'à défaut de paiement de la part de la Dame Hatte, auroit eu contre elle & contre fa fucceffion un recours certain, qui l'auroit déchargé de la dette, même dans le cas où il n'auroit pas fouffert l'éviction de la maifon.

Il eft donc démontré que l'opération, dont parle le Mémoire de la Dame Hatte, auroit été abfolument impraticable. Il n'y avoit aucune opération quelconque qui pût remplir le prétendu projet de n'obliger le fieur de Rougemont qu'autant qu'il feroit poffeffeur de la maifon. Il n'étoit pas befoin de recourir à des lumieres étrangeres ; le feul fecours du bon fens auroit fuffi pour faire fentir combien un pareil projet étoit impraticable. Ce prétendu plan concerté, ce prétendu arrangement convenu entre la Dame Hatte & le fieur de Rougemont n'eft donc qu'une pure fable deftituée de toute vraifemblance : elle n'a été imaginée que pour donner un prétexte à la furprife qu'on ofe imputer au fieur de Rougemont ; mais l'abfurdité du prétexte acheve de prouver la fauffeté de l'imputation.

Le cautionnement qu'a fourni le fieur de Selle, & que n'a pu ignorer la Dame Hatte, démontre encore la fauffeté de l'allégation, puifque ce cautionnement auroit été abfolument inutile dans le plan que l'on fuppofe.

Il eft donc démontré que la Dame Hatte a foufcrit librement, & en pleine connoiffance de caufe, les deux engagemens de 1765 & 1767 ; & qu'elle a dû le faire, parce qu'en effet la dette lui étoit perfonnelle par fa nature. Il ne refte plus qu'à réfuter un dernier prétexte invoqué, pour faire retomber fur le fieur de Rougemont le poids de ces obligations.

La Dame Hatte, dit-on, *n'a jamais rien vu ni reçu du fieur du Formentel.* Quoique les actes portent que les fommes de 21000 livres & 4500 livres ont été remifes à la Dame Hatte, le fieur de Rougemont eft trop attaché aux loix de l'honneur pour refufer de rendre hommage à la vérité.

C'eft avec raifon que la Dame Hatte a donné quittance des deniers qui lui ont été remis *en efpeces fonantes délivrées à la vue des Notaires ;* mais elle ne voulut pas & ne promit pas se charger du détail de l'emploi ; elle en chargea le sieur de Rougemont, & à cet effet laissa les deniers qu'elle venoit de recevoir entre les mains du Notaire, auquel elle donna ordre de les remettre au sieur de Rougemont à mesure qu'il en auroit besoin pour en remplir la destination.

La Dame Hatte ne peut ignorer que le sieur de Rougemont en a fait l'emploi effectif ; que les deux sommes n'ont pas même suffi pour acquitter les frais immenses qui ont été occasionnés par les trois Procès successifs que la question d'état a forcé de soutenir aux Requêtes du Palais, au Parlement & au Conseil. Si la Dame Hatte a payé (1) une partie de ces frais, c'est parce qu'elle avoit une parfaite connoissance de l'emploi du surplus des deniers. Si elle s'est transportée elle-même chez le généreux Défenseur du sieur de Rougemont, pour le forcer d'accepter un témoignage de sa reconnoissance, c'est parce qu'elle étoit instruite que ce Jurisconsulte, qui joint la noblesse des sentimens à la supériorité des talens, avoit annoncé qu'il ne recevroit rien de la part du sieur de Rougemont, dont il a bien voulu devenir l'ami (2). S'il étoit possible

(1) La Dame Hatte n'a point été exacte dans les détails qu'elle a donnés à cet égard ; c'est, par exemple, une erreur de sa part de supposer que les 3600 livres, qui ont été remises à son Défenseur personnel, aient été fournies par elle ; il est au contraire certain que cette somme a été prise sur l'emprunt du sieur du Formentel. Quant aux 1700 l. qu'elle dit avoir payées à l'Imprimeur, il s'en faut de beaucoup qu'elles aient suffi pour acquitter cette portion de frais ; le sieur de Rougemont est en état de justifier de quittances pour plus de 7000 livres de frais d'impression.

(2) S'il est juste que le sieur de Rougemont remercie la Dame Hatte de ce foible témoignage de reconnoissance qu'elle a bien voulu donner à

que la Dame Hatte eût oublié l'ufage que le fieur de Rougemont a fait des deniers dont il s'agit, il feroit facile de lui en
rappeller la mémoire par des détails circonftanciés, qui en
abforberoient bien au-delà le montant. Mais puifque le fieur
de Rougemont ne parle en ce moment qu'à un public impartial, il lui fuffira de dire qu'il eft facile de concevoir les frais
& les dépenfes immenfes qu'a dû occafionner un Procès de
la nature de celui dont il s'agit, fuivi pendant plus de quatre
années, jugé en premiere Inftance aux Requêtes du Palais,
porté par appel au Parlement, & de-là au Confeil. Tous ceux
qui ont la trifte expérience des affaires, n'auront pas de peine
à imaginer que les frais ordinaires d'un pareil Procès n'ont dû
former qu'une foible portion de la dépenfe, & font peu de
chofe en comparaifon des faux-frais qu'ont emporté les cour-
fes, les voyages à Paris & dehors, les recherches prélimi-
naires à une pareille conteftation, & les démarches fans nom-
bre que fa fuite a néceffitées.

Si le fieur de Rougemont connoît affez les loix de l'honneur pour faire un aveu, dont il pouvoit fe difpenfer, en
déclarant qu'il a effectivement touché les deniers, dont les
actes ne chargent que la Dame Hatte, il ne craint point que fa

fon Défenfeur, il doit lui être permis d'exprimer fes regrets fur la perte
que cette circonftance lui fait éprouver, en le privant de l'avantage
d'avoir en cette occafion un Défenfeur qui étoit devenu fon ami ; mais
il fe flatte qu'il voudra bien fe charger de rendre publique l'opinion qu'il
a conçue de la démarche actuelle de la Dame Hatte, & l'affurance qu'il
a donnée au fieur de Rougemont qu'il fe feroit chargé avec le plus
grand plaifir de fa défenfe, fi des circonftances & la reconnoiffance
n'avoient point formé entre lui & Madame Hatte des liens que les loix
de fa profeffion & la délicateffe de fes fentimens ne lui permettent pas
de rompre.

déclaration puisse être divulgée ni soupçonnée, & il se persuade que personne ne doutera de la sincérité de l'affirmation qu'il est prêt de faire, qu'il n'a point appliqué à son profit la moindre partie de ces deniers que la Dame Hatte avoit destinés à effacer tout ce qui pouvoit lui rappeller le souvenir d'un événement trop affligeant pour lui.

Le sieur de Rougemont croit s'être pleinement justifié du reproche qui lui a été fait d'avoir extorqué à la Dame Hatte un engagement qu'elle ne pouvoit se dispenser de contracter, & d'avoir refusé d'acquitter une dette qui lui étoit absolulument étrangere ; mais il ne seroit point dans la nécessité de se justifier, si sa situation lui avoit permis de venir au secours de la Dame Hatte. Qu'il lui eût été doux d'ajouter ce nouveau témoignage de son attachement & de son respect inviolable ! Avec quel plaisir il auroit saisi cette occasion de témoigner à la Dame Hatte sa juste reconnoissance de tout ce qu'elle a fait pour lui ! Il se seroit fait un devoir de la soulager, sans examiner quels étoient ses droits; il ne se seroit point avisé de calculer la fortune de la Dame Hatte, & de juger si 20000 liv. de rente & un mobilier de 50000 livres ne lui permettoient point, en acquittant sa dette, de réserver à ses domestiques des récompenses proportionnées à leurs services; il auroit abandonné sans regret ce mobilier, auquel il ne prétend rien, à la cupidité des ames intéressées qui en font l'objet de leurs spéculations, & il n'auroit jamais vu altérer une union qui faisoit une partie de sa consolation.

Mais peu ambitieux des faveurs de la fortune, le sieur de Rougemont n'a commencé à sentir le poids de ses disgraces qu'au moment où il a éprouvé l'impuissance où elle le mettoit

de

de suivre les mouvemens de son cœur, & d’acheter des vils séducteurs qui le poursuivent, l’avantage de conserver la tendresse de la Dame Hatte.

Le Mémoire qu’il refute lui suppose une fortune considérable, pour être en droit de lui reprocher une ingratitude. Mais la Dame Hatte connoît mieux que personne l’état des affaires du sieur de Rougemont : elle sçait s’il mérite ce reproche ; il n’a qu’un seul fond, c’est la nue propriété des deux maisons, sises rue de Richelieu. Il connoît & il démontrera la solidité de ce titre ; mais il n’en est pas moins vrai que des propos sourds, répandus par ses ennemis, suffisent pour intimider ceux à qui il voudroit présenter pour sûreté cette hypotheque unique. Le reste de sa fortune consiste en 7000 livres de rentes viageres, qui n’offrent pas une ressource plus facile aux emprunts. D’un autre côté, son mariage & son établissement lui ont fait contracter pour 52000 livres de dettes. La Dame Hatte ne peut méconnoître la réalité de ces engagemens, au moins jusqu’à 40000 livres, puisque le sieur de Rougemont n’est parvenu à faire cet emprunt qu’au moyen du cautionnement que le frere de la Dame Hatte a eu la générosité de lui prêter. Elle ne peut ignorer enfin que la situation du sieur de Rougemont étoit tellement étroite la veille de son mariage, qu’il fut encore obligé de puiser dans la bourse du sieur de Ravannes un nouveau secours de 50 louis.

Si l’on n’avoit voulu qu’humilier le sieur de Rougemont en le forçant de descendre à ces aveux publics, le nom sous lequel on lui fait cette injure ne lui permettroit pas même de s’en plaindre. Mais que sous le nom le plus cher à son cœur, on ait osé l’accuser d’une supercherie odieuse, en lui imputant d’avoir arraché une signature involontaire ; d’une lâcheté dé-

C

teftable , en lui reprochant de rejetter fur la Dame Hatte une dette qui lui eft perfonnelle ; enfin d'une ingratitude monf-trueufe , en fuppofant qu'il ignoreroit affez les loix de la reconnoiffance pour refufer de voler au fecours de fa bien-faitrice , fi fes facultés le lui permettoient : c'eft ce que le fieur de Rougemont ne peut voir fans fuccomber aux mouvemens de fa fenfibilité ; c'eft ce qu'il n'auroit pu fouffrir fans fe def-honorer.

Le même motif l'oblige à relever encore deux nouvelles im-putations que contient le même libelle , & qui n'ont été hafar-dées que pour furcharger le tableau de la diffamation , & pour foutenir & rendre plus vraifemblable l'accufation capitale qu'il vient de détruire.

« La Dame Hatte, dit-on, n'a commencé à fe méfier du fieur
» de Rougemont qu'à l'époque de fon mariage , par l'impa-
» tience qu'il a montrée & les efforts qu'il a faits pour achever
» de la dépouiller. Il a voulu l'attirer au Château de Vincennes,
» afin de pouvoir s'emparer de fon mobilier. Il a pouffé l'indif-
» crétion jufqu'à exiger qu'elle fe privât & qu'elle lui laiffât la
» difpofition d'une maifon de campagne, dont le féjour eft
» néceffaire à fa fanté & le plaifir le plus fatisfaifant de fon âge».
Tout ce que prouve cette odieufe déclamation , c'eft que les faits les plus fimples peuvent être empoifonnés par une plume trempée dans le fiel.

Le fieur de Rougemont eft bien éloigné de difconvenir qu'il a offert à la Dame Hatte, foit à titre de maifon de campagne, foit à titre de demeure, un logement chez lui & fa table. Il fe fait un honneur de cette offre qu'il a regardée comme un foible tribut de fa reconnoiffance, & comme une occafion qui mettoit la Dame de Rougemont à portée de répondre elle-même, par fes foins & fon attachement, aux premiers témoignages d'affection que la Dame Hatte lui avoit donnés. Il n'y a que des ames viles & mercénaires qui puiffent appercevoir dans une démarche de pur fentiment, des vues de cupidité & de baffeffe. Que répondre à des gens qui transforment les vertus en vices ?

A l'égard du fait relatif à la maifon de campagne, il fuffit de fubftituer la vérité dont le fieur de Rougemont a des preuves, à la place du menfonge que fes ennemis alleguent. La joie & la fatisfaction que la Dame Hatte reffentit au premier projet du mariage du fieur de Rougemont, lui fit prendre la réfolution de donner aux nouveaux époux l'ufufruit, qui étoit le feul droit qu'elle eût fur la maifon dont il s'agit. Le fieur de Rougemont, comptant que la Dame Hatte accepteroit l'habitation qu'il lui avoit offerte à Vincennes, avoit cru ne devoir pas refufer l'ufufruit de la maifon de Chatou ; mais il s'apperçut bien-tôt que l'on avoit fait naître dans le cœur de la Dame Hatte quelques regrets. Auffi-tôt il lui rendit fa parole. La Dame Hatte l'a reprife, & a vendu (1) l'ufufruit dont il s'agit. Le fieur de Rougemont peut citer le frere de la Dame Hatte & le fieur Hock, Médecin, comme témoins du défintéreffement qu'il témoigna en cette occafion, & de l'effufion de fa tendreffe vis-à-vis de la Dame Hatte.

Si, fous ce nom fi cher, on ne reprochoit au fieur de Rougemont que les bienfaits qu'il a reçus, ou qu'on a voulu lui faire, il n'auroit rien à répondre aux deux derniers faits qu'il

(1·) Malgré le grand attachement que l'on fuppofe à la Dame Hatte pour cette maifon, elle vient de la vendre depuis un mois ; moyennant 16000 livres, il femble qu'elle auroit pu y trouver une reffource pour acquitter au moins une partie de la dette du fieur du Formentel.

s'eſt propoſé de relever. Mais on lui impute une ſéduction & une cupidité dont il a toujours été incapable. On lui reproche des *tentatives faites pour dépouiller la Dame Hatte du peu de bien & des conſolations qui lui reſtent.* On en donne pour preuve : 1°. Un teſtament olographe *qu'il a dicté*, & où il avoit fait nommer un légataire univerſel avec lequel il eſt lié intimement : 2°. Pluſieurs billets ſuppoſés qu'il a ſurpris à l'extrême facilité de la Dame Hatte, par leſquels il étoit établi créancier d'une ſomme de 194000 livres, tandis que la Dame Hatte croyoit qu'ils n'étoient que d'environ 60000 livres.

Si les actes même imprudens que la Dame Hatte auroit pu faire à l'inſçu du ſieur de Rougemont, dans les momens où elle n'écoutoit encore que les mouvemens de ſa tendreſſe, ſuffiſent pour établir contre lui une preuve de cupidité, de ſéduction & de manœuvres frauduleuſes, ſes ennemis peuvent ſans doute triompher. Le ſieur de Rougemont a lieu de croire que le teſtament & les billets dont il s'agit ont exiſté.

Mais ſi les ames honnêtes peuvent concevoir qu'un cœur vivement ému par les ſentimens les plus tendres, & qui lui paroiſſent fondés ſur les motifs les plus légitimes, a plutôt beſoin d'être arrêté qu'excité ; ſi les circonſtances trop connues de la poſition dans laquelle la Dame Hatte s'eſt trouvée, & tous les détails de ſa vie & de ſes relations avec le ſieur de Rougemont peuvent permettre de croire qu'il fut un tems où ſon cœur ne connoiſſoit que le plaiſir de lui témoigner ſa tendreſſe : le ſieur de Rougemont n'a pas beſoin de chercher ailleurs que dans le cœur de la Dame Hatte, les preuves de ſon innocence & le principe des actes qu'on lui reproche.

Le ſieur de Rougemont n'auroit point à ſe défendre du reproche de ſéduction & de captation, ſi des impreſſions étrangeres n'avoient point étouffé ces ſentimens ſi vifs qui en éloignent le ſoupçon.

Il n'a déja que trop prouvé que les déclamations du libelle ne font point l'ouvrage de la Dame Hatte. S'il avoit befoin d'une nouvelle preuve, il la trouveroit dans l'article même qu'il difcute.

L'auteur du libelle n'a point ofé alléguer que les quatre billets ne fuffent point entiérement écrits de la main de la Dame Hatte. Dès lors comment a-t-il pu lui faire dire qu'*elle avoit cru que ces billets n'étoient que d'environ 60000 livres, tandis qu'ils fe trouverent monter à 194000 livres ?* La Dame Hatte ne peut avoir oublié la valeur & le contenu de ces billets qu'elle a entiérement écrits de fa main. Il n'eft donc pas poffible de lui attribuer le langage & indécent & ridicule que l'on met dans fa bouche.

Mais cette abfurdité n'eft pas la feule dans laquelle l'auteur du libelle foit tombé ; il vient de dire que la Dame Hatte n'a commencé à fe méfier du fieur de Rougemont *qu'à la derniere époque de fon mariage, par l'impatience qu'il a montrée & les efforts qu'il a faits pour la dépouiller.* Maintenant il acccufe le fieur de Rougemont d'avoir dicté un teftament & furpris des billets jufqu'à concurrence de 194000 l. dans une époque qui feroit de beaucoup antérieure au mariage. Si quelque chofe avoit été capable de démafquer la prétendue impatience & les efforts du fieur de Rougemont pour dépouiller la Dame Hatte, ce feroit fans doute des faits auffi graves, & non l'offre honnête d'une retraite dans fa maifon. Si la Dame Hatte n'avoit point encore reçonnu cet efprit de cupidité avant l'époque du mariage, le fieur de Rougemont n'étoit donc pas coupable de lui avoir dicté ce teftament, & de lui avoir furpris les billets : *Mentita eft iniquitas fibi.*

Il eft tems de terminer une juftification à laquelle le fieur de Rougemont croit avoir donné une évidence qui lui permet de méprifer déformais les traits qui ont été lancés contre lui. Mais la fatisfaction qu'il va éprouver, en préfentant cette trifte apologie, fera toujours altérée par le regret d'avoir eu à combattre un écrit autorifé par une *fignature* qui ne ceffera jamais de lui être chere ; & fon cœur ne peut être foutenu que par l'efpoir de fléchir un jour la main qui femble le frapper, & d'arracher la Dame Hatte à la féduction dont ils font tous deux les victimes.

SECONDE PARTIE.

Une fimple apologie pouvoit être du reffort du fieur de Rougemont : elle lui convenoit, & il n'avoit pas befoin d'un fecours étranger pour expofer les faits avec naïveté, pour en tirer les conféquences, & pour faire à la Dame Hatte l'effufion de fes fentimens.

Mais la difcuffion de la conteftation férieufe ou feinte, qu'on lui fufcite fous ce même nom, ne peut plus lui convenir. Il n'a d'autre chofe à faire à cet égard que d'expofer à des Confeils fages & éclairés les faits, en leur laiffant le foin de le juger & de lui dire ce qu'il a droit d'efpérer, & comment il doit fe défendre.

Le 16 Juillet 1760, la Dame Hatte a , par un acte paffé devant Notaires, vendu au fieur de Rougemont la nue propriété de deux maifons, fifes rue de Richelieu, dont elle s'eft réfervé l'ufufruit, & dont elle a en effet retenu & retient encore la jouiffance.

L'acte porte que la vente eft faite moyennant le prix & fomme de 100000 livres, que le fieur de Rougemont *a payée & délivrée à la Dame Hatte, à la vue des Notaires, en monnoie & efpeces ayant cours.*

Sans être Jurifconfulte , le fieur de Rougemont s'imagine qu'il n'auroit pas befoin d'indiquer d'où lui venoit cette fomme , ni d'affirmer qu'il l'a véritablement payée. Mais il eft prêt de faire cette affirmation , & elle ne peut être fufpecte, puifque la Dame Hatte a elle-même pris la peine d'indiquer l'origine des deniers , & d'en attefter la délivrance & le paie-ment , dans l'acte le plus authentique & le plus folemnel, dans une déclaration faite & adoptée en Juftice.

Tous ceux qui ont connu, avec quelque détail , le Procès fur la queftion d'état , fçavent que le fieur Hatte , dans le cours de fa derniere maladie , avoit fait remettre à la Dame Hatte une fomme de 100000 liv. qui avoit une deftination connue. Elle va elle-même apprendre quelle étoit cette deftination , & comment elle l'a remplie.

Au commencement de l'année 1767 , la Dame Hatte fut inquiétée fur ce dépôt par la Dame de Vauvrai fa fille , qui prétendit que cette fomme de 100000 livres étoit un don fait par le fieur Hatte à la Dame fon époufe , & comme tel, un acte prohibé par la loi. Le Tuteur à la fubftitution , dont la Dame de Vauvrai eft grevée envers fon fils , fe joignit à cette action.

La Dame Hatte y défendit ; elle foutint que les faits qui s'étoient paffés entre elle & fon mari , ne permettoient pas de préfumer un avantage indirect de fa part ; elle foutint que, dans le fait , cette fomme de 100000 livres n'étoit point un don qui lui fût perfonnel : & voici la déclaration judiciaire qu'elle fit à ce fujet.

Elle demanda « acte de la déclaration par elle ci-devant » faite , & qu'elle réitéroit, de n'avoir point gardé pour fon » profit particulier ladite fomme de 100000 livres , à elle

» remife de la part dudit feu fieur Hatte , par le fieur Ca-
» thelin , Curé de la Madelaine de la Ville-l'Evêque ; mais au
» contraire qu'elle en avoit fait l'emploi , fuivant le reçu &
» deftination pour lefquels ledit feu fieur Hatte les lui avoit
» fait remettre; en conféquence , attendu que d'un côté lef-
» dites Dames de Vauvrai & de Vieuxmaifon avoient eu,
» dans tous les tems, parfaite connoiffance de la remife def-
» dites 100000 livres dont il s'agiffoit, ainfi que de leur def-
» tination & emploi ; *que cet emploi avoit été l'acquifition de*
» *deux maifons rue de Richelieu , faite par contrat du 2* **
» *Juillet 1760 , par le fieur de Rougemont, auquel elle avoit*
» *dû remettre cette fomme de 100000 livres , conformément*
» *aux intentions dudit feu fieur Hatte,* & que d'un autre
» côté la déclaration de ladite Dame Hatte ne pouvant être
» divifée , il en réfultoit qu'elle ne pouvoit être forcée de
» remettre ladite fomme de 100000 livres , puifqu'elle n'étoit
» point pour elle : lui adjuger, &c ».

Qui le croiroit ? c'eft le 22 Août 1767 que la Dame Hatte
a fait cette déclaration judiciaire ; c'eft le 29 Août que, fur le
fondement de cette déclaration, elle a gagné fon Procès contre
la Dame fa fille : & c'eft au mois de Mars 1768 qu'on la fait
confulter fur la queftion de fçavoir fi elle peut attaquer la
vente du 16 Juillet 1760 , fous prétexte que le fieur de Rougemont n'en a point fourni le prix. C'eft le 11 Mai qu'elle
prend des Lettres de refcifion contre ce contrat de vente , &
le 17 qu'elle en demande l'entérinement au Châtelet.

Voilà les faits dans toute leur fimplicité : le fieur de Rougemont les abandonne aux réflexions des Confeils auxquels
il s'adreffe. *Signé,* DE ROUGEMONT.

LE

LE CONSEIL fouffigné , qui a vu le Mémoire à confulter imprimé pour la Dame Hatte ; la Confultation étant
enfuite délibérée à Paris le 28 Mars dernier ; le Mémoire à
confulter ci-deffus, enfemble le contrat de vente du 16 Juillet
1760 ; la déclaration contenue dans la Requête de la Dame
Hatte du 22 Août 1767 , vifée dans l'Arrêt du 29 du même
mois ; les Lettres de refcifion obtenues en la Chancellerie le
11 Mai , & la demande en entérinement formée le 17 du
même mois 1768 :

Est d'avis que Madame Hatte eft abfolument non-rece-
vable dans une demande qui n'a point encore eu d'exemple ,
& qui ne peut pas être férieufement, ni raifonnablement pré-
fentée aux yeux de la Juftice.

Tout le fyftême de cette demande porte fur cette fuppo-
fition, que la vente dont il s'agit n'étoit qu'une donation
fimulée, & que la Dame Hatte n'en a jamais reçu le prix.

Quand le fait feroit vrai, la demande de la Dame Hatte
n'en feroit pas mieux fondée. De fon propre aveu, elle auroit
voulu gratifier ; elle pouvoit le faire. Le fieur de Rougemont
ne l'auroit ni furprife ni léfée, en acceptant le droit qu'elle lui
auroit offert : *Volenti non fit injuria*. Et ce feroit une démarche abfurde de fa part, de vouloir détruire l'acte d'une
volonté libre, revêtu de toutes les formes fuffifantes pour en
affurer l'irrévocabilité.

Mais dans le fait , l'idée de donation , qui forme toute la
reffource de la Dame Hatte , eft une pure chimere, démentie
par les actes les plus folemnels & les plus authentiques ; c'eft
une allégation que la Dame Hatte n'eft point recevable à pro-
pofer en Juftice.

D

L'aliénation que la Dame Hatte veut attaquer n'eſt point une libéralité ; c'eſt un titre onéreux , c'eſt une vente. La preuve en eſt conſignée dans un acte paſſé devant Notaires , qui n'admet aucune preuve contraire ; la Dame Hatte y a reconnu avoir *vendu* , & avoir reçu pour prix *la ſomme de 100000 livres , qui lui a été délivrée & comptée en monnoie & eſpece ayant cours , à la vue des Notaires.* C'eſt une dériſion de vouloir s'élever contre ſa propre reconnoiſſance. On ne peut jamais être recevable à alléguer ſoi-même la ſimulation de l'acte qu'on a ſouſcrit. Cette ſeule conſidération ſuffiroit pour faire rejetter l'entrepriſe de la Dame Hatte.

Mais au ſurplus , la déclaration judiciaire qu'elle a faite le 22 Août 1767, en adminiſtrant une nouvelle preuve de la ſincérité de la vente de 1760 , éleve une nouvelle fin de non-recevoir invincible contre la demande indiſcrete que la Dame Hatte vient de riſquer.

Elle eſt venue elle-même atteſter en Juſtice la vérité de la vente , déja prouvée par un acte devant Notaires : elle a dé-claré l'origine des deniers avec leſquels le ſieur de Rouge-mont en a payé le prix : elle a affirmé *que cet emploi avoit été l'acquiſition des deux maiſons dont il s'agit, par le ſieur de Rou-gemont , auquel elle avoit dû remettre cette ſomme de 100000 livres.*

Il eſt inconcevable qu'après une déclaration auſſi ſolemnelle & auſſi réfléchie , on oſe lui propoſer d'alléguer en Juſtice que la vente n'a eu rien de ſérieux , & qu'elle n'en a jamais reçu le prix.

Ce ſeroit faire injure à la Dame Hatte , & la déshonorer , que d'écouter aujourd'hui une aſſertion de ce genre. C'eſt manquer au reſpect dû à la Juſtice que de ſe jouer ainſi de la vérité & des engagemens les plus facrés contractés avec elle.

La foi due aux actes paffés devant Notaires, la foi due à la propre fignature de la Dame Hatte n'avoit pas befoin d'être foutenue par ce nouveau témoignage qu'elle a jugé à propos d'y ajouter.

Mais cette atteftation libre & réfléchie qu'elle eft venue donner dans le fanctuaire même de la Juftice, ajoute un lien indiffolube à celui qui réfultoit de fa premiere reconnoiffance, qui a fait le fondement de fa défenfe & du fuccès qu'elle a obtenu, &, s'il eft permis de le dire, rend déformais indécente une réclamation qui n'auroit été qu'abfurde & indifcrete fans cette nouvelle circonftance.

La Juftice ne pourroit voir qu'avec indignation les efforts qu'elle feroit pour détruire l'atteftation qu'elle a faite dans fon fanctuaire, & dépofée dans fes archives.

Il n'y auroit plus rien d'affuré dans la fociété, s'il étoit permis aux Parties de s'élever elles-mêmes, non-feulement contre la foi due à leurs propres engagemens, mais encore contre le refpect & l'autorité due aux contrats judiciaires.

Si le fieur de Rougemont offre d'affirmer la fincérité de l'acte que la Dame Hatte impugne de fimulation, c'eft de fa part une défenfe abfolument furabondante, & à laquelle la Juftice n'a pas befoin de recourir, parce qu'il eft impoffible que la loi admette la Dame Hatte à réclamer contre le double engagement qu'elle a contracté devant Notaires & en Juftice.

Délibéré à Paris, le 19 *Juillet* 1768. *Signés*, LHERMINIER, CELLIER, TRONCHET, DELAMBON, DE JOLY, BIEVIERE, RAYMOND, TARGET.

DE L'IMPRIMERIE DE LOUIS CELLOT, 1768.